BEI GRIN MACHT SICH IHR WISSEN BEZAHLT

- Wir veröffentlichen Ihre Hausarbeit,
  Bachelor- und Masterarbeit

- Ihr eigenes eBook und Buch -
  weltweit in allen wichtigen Shops

- Verdienen Sie an jedem Verkauf

Jetzt bei www.GRIN.com hochladen und kostenlos publizieren

Smart Maintenance. Evaluation des Potenzials von Augmented-Reality-Brillen in der Instandhaltung

Michael Poiger

Bibliografische Information der Deutschen Nationalbibliothek:

Die Deutsche Nationalbibliothek verzeichnet diese Publikation in der Deutschen Nationalbibliografie; detaillierte bibliografische Daten sind im Internet über http://dnb.d-nb.de abrufbar.

ISBN: 9783346593719
Dieses Buch ist auch als E-Book erhältlich.

Druck und Bindung: Books on Demand GmbH, Norderstedt Germany
Gedruckt auf säurefreiem Papier aus verantwortungsvollen Quellen

Das vorliegende Werk wurde sorgfältig erarbeitet. Dennoch übernehmen Autoren und Verlag für die Richtigkeit von Angaben, Hinweisen, Links und Ratschlägen sowie eventuelle Druckfehler keine Haftung.

Das Buch bei GRIN: https://www.grin.com/document/1174143

Hochschule Fresenius

Fachbereich onlineplus

Studiengang: Digital Business Management and Engineering (M. Sc.)

Hausarbeit

Smart Maintenance:

Evaluation des Potenzials von Augmented-Reality-Brillen in der Instandhaltung

Michael Poiger

Modul: Industrial Internet (M195)

Abgabedatum: 24.05.2020

Inhaltsverzeichnis

Abbildungsverzeichnis

Abkürzungsverzeichnis

AR	Augmented Reality
BAuA	Bundesanstalt für Arbeitsschutz und Arbeitsmedizin
BE	Betrachtungseinheit
CAVE	Cave Automatic Virtual Environment
CPS	Cyber-physische Systeme
DIN	Deutsches Institut für Normung e. V.
EN	Europäische Norm
FOV	Field of View
GPS	Global Positioning System
HMD	Head-Mounted Display
IoT	Internet of Things
ML	Machine Learning
MR	Mixed Reality
OST	Optical See-Through
VR	Virtual Reality
VST	Video See-Through

1 Einleitung

Die mit der Digitalisierung einhergehenden disruptiven Veränderungen betreffen sämtliche Bereiche der Gesellschaft. Hieraus ergibt sich ein Wandel, der zu einer digitalen Ökonomie führt. Neue technologische Entwicklungen, wie z. B. cyber-physische Systeme (CPS), Internet of Things (IoT), hochentwickelte Robotik, Sensorik, Big Data oder intelligente Software-Systeme führen dazu, dass sich die künftigen Arbeitsabläufe innerhalb von Unternehmen ändern (BMAS, 2015). Begrifflichkeiten wie Virtual Reality (VR) und Augmented Realitiy (AR) haben in diesem Kontext einen hohen Stellenwert. Der Hype Cycle for Emerging Technologies von Gartner (2017) zeigt, dass die innovativen Entwicklungen auf diesem Gebiet in den kommenden Jahren das Produktivitätsplateau erreichen werden. Im ersten Abschnitt der Arbeit erfolgt eine Erläuterung der beiden Fachbegriffe. Dabei wird eine Abgrenzung der Technologien anhand des Realitäts-Virtualitäts-Kontinuums von Milgram und Kishino aus dem Jahr 1994 vorgenommen.

Im Bereich der industriellen Verwendungsmöglichkeiten ist primär dem Thema Augmented Reality eine große Bedeutung zuzuschreiben. Ausschlaggebend für diese rasante Evolution sind enorme Technologiefortschritte, gereifte Ökosysteme bei der Umsetzung entsprechender Anwendungen und Synergien mit komplettierenden Entwicklungen wie IoT sowie Machine Learning (ML), wodurch eine zunehmende Verschmelzung der realen und virtuellen Welt stattfindet (Adelmann, 2020).

Eine Realisation dieser Technologie kann durch den Einsatz von Augmented-Reality-Brillen erfolgen. Dabei werden den Mitarbeitenden virtuelle, kontextbezogene Informationen im Sichtfeld bereitgestellt. Eine Wahrnehmung der realen Umgebung bleibt bei dieser Anwendungsform weiterhin erhalten. Hinsichtlich der Hardware ist aufgrund des Displayaufbaus und der verschiedenen Arten der Realitätswahrnehmung eine Unterteilung in vier grundlegende Varianten vorzunehmen.

Im Kontext der Industrie 4.0 entstehen im unternehmerischen Umfeld eine Vielzahl an Einsatzbereichen. Zukünftig wird dem Equipment im Zusammenhang mit Smart Maintenance eine hohe Relevanz beigemessen. Dabei bleiben die konventionellen Bereiche der Instandhaltung bestehen, müssen jedoch um technologische Ansätze wie z. B. mobile Applikationen, Big Data und IoT, ergänzt werden. Die Verwendungsmöglichkeiten von AR-Brillen liegen diesbezüglich in der Schritt-für-Schritt Anleitung, Fernwartung und Schulung von Fachkräften. Die Durchführung einer situationsbezogenen SWOT-Analyse ermöglicht eine Evaluation des entstehenden Potentials. Eine Erfassung der durch Literaturrecherche ermittelten Kriterien bildet die Voraussetzung für eine Ableitung der strategischen Handlungsempfehlung.

2 Technologien

Zunächst ist die Schaffung eines grundlegenden Verständnisses der einzelnen Technologien empfehlenswert. Dabei ist die prinzipielle Unterteilung hinsichtlich der Termini Virtual Reality, Augmented Reality und Mixed Reality vorzunehmen. Derzeit ist es aufgrund revolutionärer technischer Entwicklungen kaum möglich, Fachbücher sowie Tages- oder Wirtschaftszeitungen aufzuschlagen, ohne mit einem dieser Themen in Berührung zu kommen. Der Begriffsdefinition folgt die Abgrenzung anhand des Realitäts-Virtualitäts-Kontinuums.

2.1 Virtual Reality

Es existieren unterschiedliche Definitionen zur exakten Beschreibung von Virtual Reality, die wesentlichen Merkmale stimmen jedoch weitestgehend überein. Zurückzuführen ist der Begriff auf den Pionier Ivan Sutherland, der im Jahr 1965 mit „The Ultimate Display" ein technologiezentriertes Instrument beschreibt, mit welchem die Person in eine virtuelle, computerprogrammierte Umgebung eintauchen kann. Dieser Ansatz ist infolge des technischen Fortschritts mittlerweile überholt. Unabhängig von den verwendeten Ein- und Ausgabegeräten sind nachfolgende Charakterisierungen gültig.

VR bezeichnet die Verwendung von Computern, um den Effekt einer dreidimensionalen Welt zu erzeugen, die interaktive Objekte enthält (Bryson, 1996). Eine vergleichbare Definition liefert Carolina Cruz-Neira (zit. n. Dörner et al., 2019), die auf der SIG-GRAPH Konferenz 1993 in diesem Kontext von immersiven, interaktiven, multisensorischen, betrachterzentrierten, dreidimensionalen computererzeugten Umgebungen sowie der Kombination der zur Erstellung dieser Umgebungen benötigten Technologien spricht. Immersion umschreibt den Grad des Eintauchens in die virtuelle Echtzeitumgebung. Die computergenerierten Sinneseindrücke vermitteln dem Anwendenden eine umfassende und lebendige Illusion der Realität. Je tiefer eine Person in das Scheinbild eintaucht, desto höher ist der Immersionsgrad (Slater & Wilbur, 1997). Bei der Erstellung der virtuellen Umgebungen wird hauptsächlich sensorisches Feedback in Form von audiovisuellen Rückkoppelungen verwendet (Mihelj & Podobnik, 2012). In Kombination mit haptischen Signalen lässt sich die Eintauchtiefe zusätzlich erhöhen (Jadhav et al., 2017). Zielvorstellung der VR ist eine vollständige Immersion, die durch verschiedene Technologien wie z. B. Head-Mounted Displays (HMD) oder Cave Automatic Virtual Environments (CAVE) erreicht werden kann (Dörner, et al., 2019).

2.2 Augmented Reality

In der Wissenschaft existiert für Augmented Reality ebenfalls keine einheitliche Definition. Ivan Sutherland hat in diesem Kontext bereits im Jahr 1968 erste Ansätze entwickelt (Sutherland, 1968). In der einschlägigen Literatur hat sich im Zeitverlauf die allgemeine Definition nach Azuma etabliert. Er umschreibt AR als eine Variation der Virtual Reality. Während VR die Person vollständig in eine virtuelle Welt eintaucht, ermöglicht Augmented Reality dem Anwendenden, die reale Umgebung weiterhin wahrzunehmen. Diese wird dabei in Echtzeit durch künstliche, virtuelle Objekte auf dreidimensionaler Ebene angereichert, wodurch AR die Realität lediglich ergänzt, anstatt sie vollständig zu ersetzen (Azuma, 1997). Ein AR-System ist ein komplexes Computersystem, welches aus geeigneter Hard- und Software besteht, um die Wahrnehmung der realen Welt nahtlos sowie ununterscheidbar um virtuelle Inhalte zu ergänzen. Zur Realisierung werden verschiedene Komponenten, primär aus den Bereichen Eingabe, Darstellung, Tracking und Interaktion benötigt (Carmigniani & Furht, 2011). Die Funktionalität ist nicht ausschließlich auf die Erweiterung der visuellen Wahrnehmung beschränkt, sondern kann sämtliche sensorischen Sinneseindrücke beeinflussen (Dörner et al., 2019). Durch die Überlagerung der realen Umgebung um zentrale, kontextbezogene Informationen bildet Augmented Reality eine Grundlage für verschiedenste Assistenzsysteme (Feiner, Macintyre & Seligmann, 1993).

2.3 Mixed Reality

Die beiden Wissenschaftler Milgram und Kishino erläutern den Terminus Mixed Reality (MR) in einem Realitäts-Virtualitäts-Kontinuum, welches alle Mischformen inmitten der beiden extremen Charakteristika Realität sowie Virtualität inkludiert (Milgram & Kishino, 1994). Dieses Modell bildet eine Taxonomie, wodurch die verschiedenen Abstufungen eindeutig klassifiziert werden können. Zum besseren Verständnis ist das Konzept im Folgenden dargestellt.

Abbildung 1: Realitäts-Virtualitäts-Kontinuum

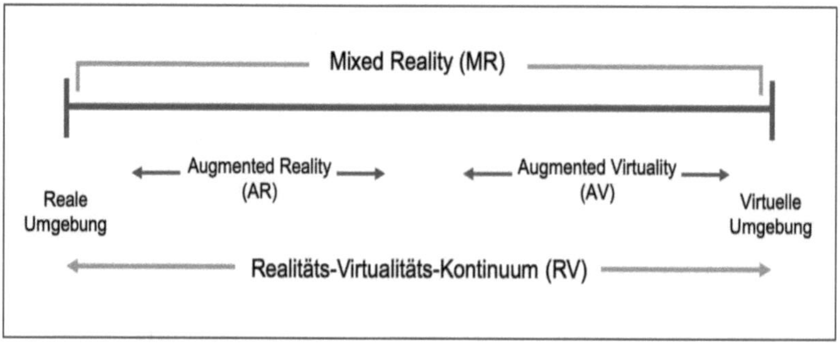

Quelle: Eigene Darstellung in Anlehnung an Milgram & Kishino, 1994

Aus der Abbildung lässt sich ableiten, dass lediglich die beiden absoluten Ausprägungen der Realität sowie Virtualität keine Komponenten der Mixed Reality darstellen. Der Immersionsgrad und das Volumen an virtuellen Bestandteilen ist vom Ausmaß der Annäherung an die virtuelle Umgebung abhängig. Mixed Reality bildet einen übergeordneten Begriff für eine

7

Vielzahl realitätserweiternder Systeme, weshalb MR und AR oftmals als Synonym verwendet werden.

3 Augmented-Reality-Brillen

Augmented-Reality-Brillen, auch Datenbrillen oder Smart Glasses genannt, stellen einen wesentlichen Anwendungsbereich der Augmented Reality dar. AR-Brillen sind mit Peripheriegeräten ergänzte Kleinstrechner, welche am Kopf getragen und mit Augen, Händen sowie der Stimme gesteuert werden (Bendel, 2016). Die mobilen Equipments ermöglichen durch verbaute Komponenten wie z. B. Kameras, Mikrofone sowie GPS und der Verwendung von mobilen Internet-Technologien eine Kombination aus physischen und virtuellen, kontextbezogenen Informationen im Sichtfeld der tragenden Person (Caudell & Mizell, 1992; Rauschnabel & Ro, 2016).

Datenbrillen basieren auf der Technologie von Head-Mounted Displays und können hinsichtlich des Bildschirmaufbaus und der Realitätswahrnehmung unterschieden werden. Darüber hinaus sind Smart Glasses in die Kategorie der Wearables einzuordnen. Dabei handelt es sich um portable Computertechnologien, die am menschlichen Körper oder Kopf getragen werden und der Konkretisierung des Ubiquitous Computing dienen (Bendel, 2019). Einer prägnanten Einführung in das Gebiet der HMDs folgt eine Charakterisierung der Hardwareunterschiede.

3.1 Head-Mounted Displays

Head-Mounted Displays beschreiben grundsätzlich eine am Kopf angebrachte Anzeige. Mobile Visualisierungs- und Interaktionssysteme werden dabei in Form einer Datenbrille oder eines Helms getragen (Grimm et al., 2013). Bereits 1968 entwickelte Ivan Sutherland das erste, voll funktionsfähige HMD. Dabei handelte es sich um eine Art Bildschirmbrille, welche durch Tracking-Systeme die Kopfbewegungen des Menschen mechanisch gemessen hat (Bühl, 1997). Das Gerät war derartig schwer, dass es nicht durch die Person getragen werden konnte, sondern mit Hilfe einer Vorrichtung an der Raumdecke befestigt wurde. Aufgrund der Bauweise entstand die Bezeichnung „Sword of Damocles" (Butz & Krüger, 2017).

Im Kontext des technologischen Fortschritts verringert sich der Umfang an prinzipiellen Bestandteilen. Moderne HMDs bestehen aus miniaturisierten Displays, davorliegenden optischen Baugruppen, einer integrierten HMD-Elektronik, Schnittstellen zur Datenübertragung und einer Haltevorrichtung der verbauten Komponenten (Grimm et al., 2013; Theis et al., 2013). Ziel ist eine möglichst große Sichtbereichsabdeckung sowie eine Reaktion auf Kopf- und Körperbewegungen nahezu in Echtzeit, wodurch die kontinuierliche Darstellung virtueller

Informationen ohne Blickabwendung von der Umwelt möglich ist (Melzer, 2017; Theis et al., 2013).

3.2 Hardwareunterschiede

Mittlerweile existiert eine große Bandbreite unterschiedlicher HMDs. Prinzipiell können AR-Brillen hinsichtlich der verschiedenen Kombinationsmöglichkeiten von realen und virtuellen Inhalten abgegrenzt werden. Aufgrund der Vielzahl vorhandener Variationen erfolgt eine Betrachtung der vier grundlegenden Arten.

3.2.1 Displayaufbau

Beim Monitoraufbau von Datenbrillen ist zwischen einer monokularen und binokularen Bauweise zu differenzieren (Bowman et al., 2004). Die Begriffe beziehen sich auf die Präsentation der Informationsinhalte sowie die Möglichkeit der Tiefenwahrnehmung durch das HMD. Monokular bedeutet, dass in dem System lediglich ein Display integriert ist und die erzeugten Inhalte mit einem einzigen Auge betrachtet werden (Rash & McLean, 2000). Dementsprechend entstehen lediglich zweidimensionale, monoskopische Abbildung ohne Tiefeneindruck.

Eine binokulare Augmented-Reality-Brille besteht im Grunde aus zwei separaten monokularen Displays (Grimm et al., 2013). Jedes Auge blickt dabei durch eine unabhängige Bildquelle, wodurch eine teilweise binokulare Überlappung erreicht wird (Melzer, 2017). Dieses sogenannte binokulare Field of View (FOV) ermöglicht neben der Darstellung des gleichen Bildes auch die Abbildung eines Stereobildpaars und infolgedessen eine stereoskopische, plastische 3D-Illustration computergenerierter Informationen (Grimm et al., 2013; Theis et al., 2013).

3.2.2 Realitätswahrnehmung

Ferner werden unter den AR-basierten visuellen Anzeigegeräten im Kontext der Realitätswahrnehmung (teil-)durchsichtige Optical See-Through (OST) HMDs und geschlossene Video See-Through (VST) HMDs unterschieden (Azuma, 1997; Bowman et al., 2004). Bei der OST-Technologie ist vor den Augen der tragenden Person ein „Combiner" angebracht. Der geneigte, semitransparente Spiegel bettet die virtuellen Informationen in die existierende Umgebung ein. Dadurch entsteht eine zeitgleiche Wahrnehmung der projizierten Inhalte und der Realität (BAuA, 2016).

Im Gegensatz dazu wird bei VST-Systemen die Bildinformation der realen Umgebung durch Kameras aufgenommen, digitalisiert, verarbeitet, um virtuelle Elemente angereichert und auf einem geschlossenen Monitor vor den Augen der Person dargestellt (BAuA, 2016). Diese

Methode blendet den Hintergrund vollständig aus, wodurch eine direkte Wahrnehmung der realen Objekte verwehrt wird (Grimm et al., 2013). Zur Veranschaulichung sind die Charakteristika der unterschiedlichen Technologien sowie die prinzipiellen Bestandteile des Systems in Abbildung 2 auf nachfolgender Seite dargestellt.

Abbildung 2: Möglichkeiten der Realitätswahrnehmung

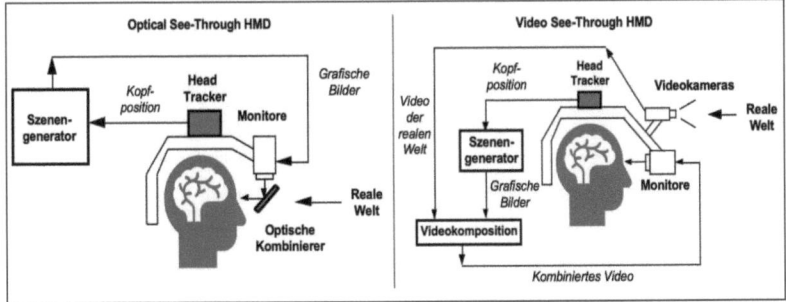

Quelle: Eigene Darstellung in Anlehnung an Azuma, 1997

Aufgrund technologischer Entwicklungen und der damit verbundenen Miniaturisierung von HMDs entstehen in der industriellen Praxis neue Anwendungsbereiche (Theis et al., 2013). Die Einsatzmöglichkeiten von AR-Brillen liegen zunehmend in der Wartung, Montage und Medizin (Kleiber & Alexander, 2011; Stüdeli & Alexander, 2008). Bevor in Kapitel 5 der Einsatz von Datenbrillen in der Smart Maintenance evaluiert wird, erfolgt zunächst eine Definition der entsprechenden Begriffe.

4 Instandhaltung

Der mit der Digitalisierung korrelierende Wandel führt in sämtlichen Bereichen zu tiefgreifenden Veränderungen. Zur Reaktion auf die steigende Marktdynamik, stetige Individualisierung der Kundenanforderungen sowie einer wandelnden Unternehmensumgebung sind Maßnahmen im Bereich der Industrie 4.0 erforderlich (Schuh et al., 2017). Um Potenziale bestmöglich auszuschöpfen, ist als Konsequenz eine flächendeckende Implementierung notwendig (acatech, 2015). In der Instandhaltung werden die Auswirkungen unter dem Begriff Smart Maintenance zusammengefasst. Zur Konkretisierung der inkludierten Inhalte ist zunächst die Definition der konventionellen Instandhaltung voranzustellen.

4.1 Klassische Instandhaltung

Die generellen Bestandteile sind in den beiden Normen DIN 31051 und DIN EN 13306 festgelegt. Die Instandhaltung wird in Unternehmen immer und überall dort eingesetzt, wo es notwendig erscheint, die Funktionsfähigkeit und damit den Wert technischer Gegenstände sicherzustellen und zu erhalten (Strunz, 2012). Gemäß übereinstimmender Definition bezeichnet Instandhaltung eine Kombination aller technischen sowie administrativen Maßnahmen eines Managements während des Lebenszyklus einer (Betrachtungs-)Einheit (BE) zur Erhaltung des funktionsfähigen Zustandes oder der Rückführung in diesen, so dass sie die geforderte Funktion erfüllen kann. Als BE wird jedes Teil, Bauelement, Gerät, Teilsystem, jede Funktionseinheit, jedes Betriebsmittel sowie System, welches einzeln betrachtet werden kann, bezeichnet (DIN EN 13306:2018-02, 2018).

Dabei ist eine vollständige Unterteilung in die vier Grundmaßnahmen Wartung, Inspektion, Instandsetzung und Verbesserung vorzunehmen. Jeder Bereich enthält dabei die Einhaltung inner- und außerbetrieblicher Forderungen, die Abstimmung der Instandhaltungsziele mit den Unternehmenszielen sowie eine Berücksichtigung entsprechender Instandhaltungsstrategien (DIN 31051:2019-06, 2019). Als strategische Oberziele der Unternehmung lassen sich die Steigerung der Wirtschaftlichkeit und Rentabilität sowie eine Verringerung der Stillstandszeiten definieren (Strunz, 2012).

4.2 Smart Maintenance

Die durch Industrie 4.0 in der Instandhaltung entstehenden Handlungsfelder sind unter den Begriffen Smart Maintenance bzw. Instandhaltung 4.0 zusammenzufassen. Darunter wird ein vorrausschauendes, intelligentes, lernorientiertes sowie wissensbasiertes Instandhaltungssystem verstanden, welches eine hoch flexible, verfügbare und zuverlässige Fertigung ermöglicht (Biedermann, 2015; Mühlnickel et al., 2018). Smart Maintenance befasst sich mit dem strategischen, taktischen sowie operativen Management von industriellen Produktionseinrichtungen. Dabei ist das Ziel, die technische und ökonomische Wirksamkeit sämtlicher Instandhaltungsmaßnahmen zu maximieren (Henke & Heller, 2018). Die Instandhaltung befindet sich aktuell im Wandel vom kostenverursachenden Supportprozess hin zum Wertschöpfungspartner von Betrieben als Prozess der Standortsicherung und stellt künftig ein evolutionäres Element der Industrie 4.0 dar (acatech, 2015; Biedermann, 2015).

Die nach DIN 31051 definierten vier Grundmaßnahmen der konventionellen Instandhaltung Wartung, Instandsetzung, Inspektion sowie Verbesserung bleiben bestehen, müssen sich jedoch künftig mit einem umfangreicherem Spektrum an Prozess-, Produktions- und Instandhaltungsanforderungen und einer Veränderung der technischen Gegebenheiten auseinandersetzten (Henke & Heller, 2018). Technologien wie CPS, IoT und Big Data begünstigen intelligente, digital vernetze sowie untereinander kommunizierende Maschinen und Produkte, wodurch zunehmend verflochtenere und unübersichtlichere Produktionssysteme mit hohen Informations- und Innovationspotenzialen entstehen (Mühlnickel et al., 2018).

Daraus ergeben sich verschiedenste Handlungsfelder. Die Grundlage bildet eine technisch adäquate Ausstattung der Produktionseinrichtungen sowie ein ausgereiftes Wissensmanagement. Im Mittelpunkt der Instandhaltung 4.0 steht die gezielte Qualifikation und technologische Unterstützung der Mitarbeitenden (acatech, 2015). Aufgrund dessen wird nachfolgend die Nutzung von AR-Brillen in der Smart Maintenance betrachtet.

5 AR-Brillen in der Smart Maintenance

Unternehmen beschäftigen sich im Rahmen der Industrie 4.0 zunehmend mit der Digitalisierung. Die dadurch digital vorliegenden Daten können nun durch innovative Technologien wie z. B. Smart Glasses visualisiert und mit ergänzenden, kontextbezogenen Informationen angereichert werden (Huck-Fries et. al., 2017). Die dahingehende Entwicklung stellt einen der Gründe dar, weshalb AR-Brillen vermehrt Einzug in der Smart Maintenance halten. In dem Kapitel der Hausarbeit wird auf die Einsatzbereiche eingegangen und anschließend die Potenzialanalyse durchgeführt.

5.1 Einsatzbereiche

Im industriellen Kontext sind die Anwendungsszenarien innerhalb der Instandhaltung in die Bereiche Fernwartung, Schritt-für-Schritt Anleitungen und Schulungen zu unterteilen (Huck-Fries et al., 2017). Aufgrund komplexer Serviceobjekte und fehlender Expertise der Kunden, technische Services eigenständig auszuführen, ist bei Wartungs- oder Instandhaltungstätigkeiten das Erscheinen von speziell ausgebildeten Fachkräften unumgänglich (Niemöller, Schomaker & Thomas, 2018). Der Einsatz von Datenbrillen soll die Notwendigkeit minimieren. Fachleute können sich global und jederzeit mit den Systemen verbinden und dadurch mit den Mitarbeitenden kommunizieren. Eine gleichzeitige Videoübertragung ermöglicht die exakte Darstellung der Situation. Durch die Bereitstellung von visuellen Anweisungen im Sichtfeld der Arbeitskräfte ist eine bestmögliche Unterstützung gewährleistet (Masoni et al., 2017).

Im Zuge der Digitalisierung entsteht darüber hinaus eine Zunahme der Komplexität und Heterogenität an Instandhaltungsaufgaben. Smart Glasses können hier in Form von Schritt-für-Schritt Anleitungen unterstützen. Versteckte Informationen, Zusammenhänge und Konfigurationsoptionen werden sichtbar gemacht und dadurch eine Interaktion mit den Geräten ermöglicht (Adelmann, 2020). Die Anzeige der nächsten Schritte kann die Mitarbeitenden gezielt durch einen kompletten Instandhaltungsprozess führen und ermöglicht gleichzeitig die lückenlose Dokumentation der Maßnahme.

Auch bei der Schulung von Instandhaltungstätigkeiten werden zunehmend Datenbrillen eingesetzt. Die Vielzahl individueller Anlagen macht es für Arbeitskräfte zunehmend schwieriger, sämtliche Reparaturmaßnahmen im Vorfeld zu beherrschen. Eine Trainingsmaßnahme an realen Maschinen ist in den geringsten Fällen möglich, da dadurch Stillstandszeiten und eventuell sogar Schäden an den Produktionsanalagen entstehen. In Kombination mit einer komplementären Simulationssoftware kann durch AR-Brillen eine Schulung am virtuellen Modell durchgeführt werden (Freyer, 2020). Augmented Reality ermöglicht eine optimale Aufgabenvorbereitung anhand realer Maschinendaten und den Ausbau der natürlichen Stärken der Mitarbeitenden (Adelmann, 2020; Freyer, 2020).

5.2 Potenzialanalyse

Zur Ableitung einer strategischen Handlungsempfehlung ist die SWOT-Analyse in abgewandelter Form anzuwenden. Das Akronym setzt sich aus den englischen Wörtern Strengths, Weaknesses, Opportunities und Threats zusammen. Sie dient als Diskussionsbasis für die strategische Positionierung von Produkten, Geschäftsbereichen sowie Unternehmen und wird mittlerweile sogar für eine Karriereplanung von Beschäftigten eingesetzt (Schawel & Billing, 2011). Die Vorgehensweise ermöglicht bei einer konventionellen Anwendung die Beschreibung der innerbetrieblichen Stärken und Schwächen sowie eine Darstellung der externen Chancen und Risiken. Ziel dieser Betrachtung ist, von den Stärken und Schwächen der Augmented-Reality-Brillen auszugehen und diese mit den Chancen und Risiken der Smart Maintenance zu kombinieren. Abschließend kann anhand der SWOT-Analyse-Matrix eine kurze Strategieempfehlung abgeleitet werden. SO-, WO-, ST- und WT-Strategien bilden potenzielle Szenarien, die einfache und übersichtliche Analysen erlauben (Kreikebaum, Gilbert & Behnam, 2018).

5.2.1 Durchführung

Für die Erstellung der SWOT-Analyse wurden unter Zuhilfenahme von Literaturrecherche relevante Beiträge ermittelt, die eine Ableitung der spezifischen Beurteilungskriterien ermöglichen. Hierzu erfolgte eine Durchsuchung verschiedener Datenbanken anhand der Verwendung von kontextbezogenen Suchtermini. Nach Sichtung der Literatur lässt sich feststellen, dass diese in den grundlegenden Aussagen übereinstimmen.

5.2.1.1 Stärken (Strengths)

Eine große Stärke von AR-Brillen ist im technologischen Fortschritt begründet. Die Miniaturisierung technischer Komponenten ermöglicht im Zuge der Industrie 4.0 eine stetige Weiterentwicklung dieser innovativen Technologie. Durch für Smartphones entwickelte Komponenten, wie z. B. hochauflösende Displays, Richtungs-, Bewegungs- und Beschleunigungssensoren können Datenbrillen kostengünstiger sowie hinsichtlich Gewicht und Ergonomie anwenderfreundlicher werden (Friedrich, 2004; Pollmeier, 2020).

Datenbrillen ermöglichen darüber hinaus eine verbesserte, kontextbezogene Informations-darstellung. Dadurch wird die Datenqualität erhöht sowie die Komplexität bei der Darstellung und Interaktion gleichzeitig reduziert. Verschiedene Varianten der Datenerfassung ermögli-chen eine ortsunabhängige und in Echtzeit erfolgende Informationsbereitstellung (Adelmann, 2020; Lucke, Defranceski & Adolf, 2017; Quint & Loch, 2015).

Ein weiterer Vorteil liegt darin, dass Smart Glasses die Bewegungsfreiheit der Mitarbeiten-den nicht einschränken, wodurch weiterhin beide Hände für die Aufgabenbearbeitung ver-wendet werden können. Die Sichtung der zusätzlichen Informationen und Videomaterialien ist freihändig möglich. Somit geht eine Entlastung der Mitarbeitenden bei industriellen Arbei-ten einher (Grauel et al., 2014; Huck-Fries et al., 2017; Koelle et al., 2017; Quint & Loch, 2015; Zheng et al., 2015).

5.2.1.2 Schwächen (Weaknesses)

Die prägnanteste Schwäche bei Datenbrillen liegt in den ergonomischen und physiologi-schen Beschwerden. Das Tragen von HMDs kann Kopfweh, Übelkeit sowie Rücken- und Nackenschmerzen verursachen. Außerdem bewirken wiederholte Kontext- sowie Brennwei-tenwechsel und ungleiche Konvergenzpunkte Augenbeschwerden. Symptome in Form von Augendruck oder tränenden Augen führen zu einer stärkeren Ermüdung des visuellen Sys-tems (Blumberg & Kauffeld, 2020; Friedrich, 2004; Holz et al., 2020; Huckauf et al., 2010).

Eine weitere Schwäche stellt die mangelnde Unterstützung von Arbeitskräften mit vorhande-ner Fehlsichtigkeit dar. Das Tragen einer zusätzlichen Brille führt bei Mitarbeitenden mit ein-geschränkter Sehkraft zu einer zusätzlichen ergonomischen sowie optischen Herausforde-rung. Da wegen der unterschiedlichen Sehstärken der Verzicht auf eine Brille nicht ohne weiteres möglich ist, kann eine optimale User Experience aktuell lediglich durch Kontaktlin-sen gewährleistet werden (Friedrich, 2004).

Weitere Einschränkungen entstehen hinsichtlich der technischen Ausstattung. Die Batterie-laufzeit aktueller AR-Brillen ist nicht ausreichend, um langandauernde Wartungsarbeiten unterbrechungsfrei durchzuführen. Datenbrillen verfügen über eine begrenzte Anzahl an In-teraktionsmöglichkeiten. Bei Instandhaltungstätigkeiten kann eine Steuerung per Sprache, Gesten oder Button die Ausführung erschweren (Huck-Fries et al., 2017; Quint & Loch, 2015).

5.2.1.3 Chancen (Opportunities)

Die wesentliche Chance beim Einsatz von Datenbrillen liegt in der Effizienzsteigerung. Eine Bereitstellung von kontextbezogenen Informationen sowie das beidhändige Arbeiten ermöglichen eine Reduktion der Maschinenstillstandszeiten. Schritt-für-Schritt Anleitungen minimieren die Fehleranfälligkeit und begünstigen eine Qualitätssteigerung des kompletten Instandhaltungsprozesses. Des Weiteren entfallen bei der Inanspruchnahme von Fernwartung Reisezeit und Reisekosten der Fachkräfte, wodurch der Prozess ebenfalls verbessert werden kann (Blumberg & Kauffeld, 2020; Quint & Loch, 2015).

Im Bereich der Industrie 4.0 ist der Einsatz neuer Technologien unumgänglich. In Unternehmen werden bereits verschiedene Informations- und Kommunikationstechniken angewendet. Eine Verwendung von Datenbrillen in der Instandhaltung erzeugt im Kontext einer Smart Factory zusätzliche Synergieeffekte. Durch eine erhöhte Informations- und Systemqualität sowie der optimierten Prozesstransparenz kann die Wettbewerbsfähigkeit von Unternehmen verbessert werden (Blumberg & Kauffeld, 2020; Pollmeier, 2020).

Neben der Effizienzsteigerung und Nutzung von Synergieeffekten kann durch den Einsatz von Smart Glasses die Sicherheit am Arbeitsplatz erhöht und somit die Anzahl an Arbeitsunfällen reduziert werden. Durch eine Einblendung von Sicherheitshinweisen im direkten Sichtfeld der Mitarbeitenden soll während der Arbeit auf gefährliche Situationen hingewiesen werden. Diese ergänzenden Informationen erhöhen die Achtsamkeit und fördern die Einhaltung sicherheitsrelevanter Instruktionen (Blumberg & Kauffeld, 2020; Sunwook, Nussbaum & Gabbard, 2016).

5.2.1.4 Risiken (Threats)

Trotz der sinkenden Anschaffungskosten bei der Hardware von Datenbrillen ist für die Implementierung von AR-basierten Instandhaltungssystemen ein hoher Investitionsbedarf erforderlich. Die Kosten ergeben sich aus der Anschaffung von mobilen Endgeräten und deren Integration in die Unternehmenssysteme. Des Weiteren ist für die unterbrechungsfreie Anwendung eine hohe Rechenleistung notwendig, die ggf. erst aufgebaut werden muss und einen sehr zeitintensiven Prozess nach sich zieht. Werden im Vorfeld die mit der Einführung einhergehenden Potenziale nicht erkannt, entsteht daraus auf Seiten der Unternehmen eine Ablehnung gegenüber der neuen Technologie (Pollmeier, 2020).

Akzeptanzprobleme bei den Mitarbeitenden stellen einen zusätzlichen Risikofaktor dar. Das Tragen von Smart Glasses wirkt sich direkt auf das persönliche Arbeitsumfeld aus. Bei der Auswahl und Einführung neuer Technologien ist dementsprechend darauf zu achten, dass diese von den Arbeitskräften angenommen werden. Vor allem physische und psychische Aspekte wie z. B. mangelnder Tragekomfort oder Überforderung können sich negativ auf die Akzeptanz sowie Bewertung von Datenbrillen auswirken. Hinzu kommt die Angst, dass die

Beschäftigten stärker kontrollierbar sind und dadurch zu gläsernen Mitarbeitenden werden (Blumberg & Kauffeld, 2020; Büttner et al., 2016; Pollmeier, 2020).

Ein weiteres Risiko besteht in der fehlenden Definition von einheitlichen Richtlinien und Standards. Vor allem im Bereich des Datenschutzes und einer möglichen Manipulierbarkeit entstehen durch die technologischen Entwicklungen von Hard- und Software neue Handlungsfelder. In dem Zusammenhang muss die gesetzgebende Instanz einen adäquaten sozialen sowie rechtlichen Rahmen schaffen, bevor ein flächendeckender Rollout stattfinden kann (Bendel, 2016; Blumberg & Kauffeld, 2020; Heuberger-Götsch & Burkhalter, 2014; Pollmeier, 2020).

5.2.2 Strategieableitung

Die Durchführung der SWOT-Analyse ermöglicht abschließend eine Ableitung strategischer Handlungsempfehlungen. Für die Anwendung von AR-Brillen in der Instandhaltung ist demnach die SO-Strategie empfehlenswert. Unter Einsatz der Stärken sollen dabei die möglichen Chancen wahrgenommen werden (Kreikebaum et al., 2018). Das bedeutet, dass bei Unternehmen die Implementierung von Datenbrillen voranzutreiben ist, um das Potenzial der Synergieeffekte, Effizienzsteigerung und Arbeitsplatzsicherheit zu nutzen. Die beschriebenen Schwächen und Risiken werden zukünftig im Kontext des technologischen Fortschritts nahezu vollständig eliminiert.

6 Zusammenfassung/Fazit

Ziel dieser Hausarbeit war es, zu evaluieren inwieweit der Einsatz von AR-Brillen einen Mehrwert im Bereich der Smart Maintenance von Unternehmen darstellt. Abschließend werden die wichtigsten Aussagen der Arbeit nochmals zusammengefasst und reflektiert. Ein prägnanter Ausblick rundet das betrachtete Themengebiet ab.

Eine vorangestellte Betrachtung der verschiedenen Technologien zeigte, dass vor allem dem Bereich Augmented Reality eine große Bedeutung zuzuschreiben ist. Diese Methode ermöglicht die Bereitstellung virtueller, kontextbezogener Informationen, während gleichzeitig die reale Umwelt sichtbar bleibt. Dieser Effekt einer teilweisen Immersion wird durch das Tragen einer AR-Brille ermöglicht.

In Zusammenhang mit Industrie 4.0 entstehen im industriellen Umfeld neue Anwendungsgebiete. Neben Bereichen wie z. B. Logistik und Montage werden Smart Glasses auch in der Instandhaltung immer häufiger eingesetzt. Dabei können die Mitarbeitenden durch Schritt-für-Schritt Anleitungen und Schulungen unterstützt werden. Auch die Kooperation mit externen Fachkräften wird dadurch vereinfacht.

Eine SWOT-Analyse zeigt, dass die Stärken der Datenbrille im technologischen Fortschritt, einer kontextbezogenen Informationsdarstellung und der Möglichkeit der beidhändigen Arbeitsweise liegen. Diese Kriterien müssen verwendet werden, um die daraus resultierenden Chancen bestmöglich auszuschöpfen. Dazu zählen eine Effizienzsteigerung, die Nutzung von Synergieeffekten sowie die Verbesserung der Arbeitsplatzsicherheit. Auftretende Schwächen und Risiken dürfen nicht vernachlässigt werden, zukünftige technologische Entwicklungen ermöglichen jedoch eine starke Reduktion dieser Faktoren.

Ein Ausblick in die Zukunft lässt erahnen, dass mit der Digitalisierung weitere disruptive Veränderungen einhergehen. AR-Brillen stellen möglicherweise wie das Smartphone und die Smartwatch nur einen vorübergehenden Trend dar. Es werden neue Technologien entstehen, die innovative Mensch-Maschine-Interaktionen ermöglichen.

7 Literaturverzeichnis

acetech. (2015). *Smart Maintenance für Smart Factories: Mit intelligenter Instandhaltung die Industrie 4.0 vorantreiben*. München: Utz.

Adelmann, R. (2020). Augmented Reality in der industriellen Praxis. In Orsolits, H. & Lackner, M. (Hrsg.), *Virtual Reality und Augmented Reality in der Digitalen Produktion* (S. 7–32). Wiesbaden: Springer Fachmedien. doi: 10.1007/978-3-65 8-29009-2 _2

Azuma, R. (1997). A Survey of Augmented Reality. *Presence: Teleoperators and Virtual Environments, 6* (4), 355–385. doi: 10.1162/pres.1997.6.4.355

BAuA. (2016). *Head-Mounted displays - Arbeitshilfen der Zukunft: Bedingungen für den sicheren und ergonomischen Einsatz monokularer Systeme*. Dortmund: BAuA. Verfügbar unter: https://www.baua.de/DE/Angebote/Publikationen/Praxis/Head-Mou nted-Displays.pdf?__blob=publicationFile&v=3 (18.05.2020).

Bendel, O. (2016). Die Datenbrille aus Sicht der Informationsethik: Problemanalysen und Lösungsvorschläge. *Informatik-Spektrum, 39* (1), 21–29. doi: 10.1007/s00287-0 14-0836-y

Bendel, O. (2019). Definition: Was ist "Wearables". Wiesbaden: Springer Fachmedien. Verfügbar unter: https://wirtschaftslexikon.gabler.de/definition/wearables-54088/ver sion-368816 (12.5.2020).

Biedermann, H. (2015). *Smart Maintenance: Intelligente, lernorientierte Instandhaltung, 29. Instandhaltungsforum*. Köln: TÜV Media.

Blumberg, V. & Kauffeld, S. (2020). Anwendungsszenarien und Technologiebewertung von digitalen Werkerassistenzsystemen in der Produktion – Ergebnisse einer Interview-Studie mit Experten aus der Wissenschaft, der Politik und der betrieblichen Praxis. *Gruppe. Interaktion. Organisation. Zeitschrift für Angewandte Organisationspsychologie (GIO), 51*, 5–24. doi: 10.1007/s11612-020-00506-0

BMAS. (2015). *Grünbuch Arbeiten 4.0*. Berlin: BMAS. Verfügbar unter: https://www.bm as.de/SharedDocs/Downloads/DE/PDF-Publikationen-DinA4/gruenbuch-arbeiten-vi er-null.pdf?__blob=publicationFile&v=2 (10.05.2020).

Bowman, D., Kruijff, E., LaViola, J. & Poupyrev, I. P. (2004). *3D User Interfaces: Theory and Practice, CourseSmart eTextbook*. Boston: Addison-Wesley.

Bryson, S. (1996). Virtual Reality in Scientific Visualization. *Communication of the ACM, 39* (5), 62–71.

Bühl, A. (1997). *Die virtuelle Gesellschaft: Ökonomie, Politik und Kultur im Zeichen des Cyberspace*. Wiesbaden: Springer Fachmedien.

Büttner, S., Funk, M., Sand, O. & Röcker, C. (2016). Using Head-Mounted Displays and In-Situ Projection for Assistive Systems: A Comparison. *Proceedings of the 9th ACM International Conference on PErvasive Technologies Related to Assistive Environments - PETRA '16* (S. 1–8). doi: 10.1145/2910674.2910679

Butz, A. & Krüger, A. (2017). *Mensch-Maschine-Interaktion*. Berlin, Boston: De Gruyter. doi: 10.1515/9783110476378

Carmigniani, J. & Furht, B. (2011). Augmented Reality: An Overview. In Furht, B. (Hrsg.), *Handbook of Augmented Reality* (S. 3–46). New York: Springer New York. doi: 10.1007/978-1-4614-0064-6_1

Caudell, T. & Mizell, D. (1992). Augmented Reality: An Application of Heads-Up Display Technology to Manual Manufacturing Processes. *Proceedings of the Twenty-Fifth Hawaii International Conference on System Sciences* (S. 659–669). doi: 10.11 09/H ICSS.1992.183317

Cruz-Neira, C. (1993). Virtual Reality Overview. *SIGGRAPH'93 Course Notes #23* (S. 1–18).

DIN 31051:2019-06. (2019). *Grundlagen der Instandhaltung*. Beuth Verlag GmbH. doi: 10.31030/3048531

DIN EN 13306:2018-02. (2018). *Instandhaltung - Begriffe der Instandhaltung; Dreisprachige Fassung EN_13306:2017*. Beuth Verlag GmbH. doi: 10.31030/2641990

Dörner, R., Broll, W., Jung, B., Grimm, P. & Göbel, M. (2019). Einführung in Virtual und Augmented Reality. In Dörner, R., Broll, W., Grimm, P. & Jung, B. (Hrsg.), *Virtual und Augmented Reality (VR/AR)* (S. 1–42). Berlin, Heidelberg: Springer Fachmedien. doi: 10.1007/978-3-662-58861-1_1

Feiner, S., Macintyre, B. & Seligmann, D. (1993). Knowledge-based augmented reality. *Communications of the ACM, 36* (7), 53–62. doi: 10.1145/159544.159587

Freyer, B. (2020). Simulation der Produktion. In Orsolits, H. & Lackner, M. (Hrsg.), *Virtual Reality und Augmented Reality in der Digitalen Produktion* (S. 399–417). Wiesbaden: Springer Fachmedien. doi: 10.1007/978-3-658-29009-2_21

Friedrich, W. (2004). *ARVIKA: Augmented Reality für Entwicklung, Produktion und Service*. Erlangen: Publicis Corp. Publ.

Gartner. (2017). Hype Cycle for Emerging Technologies, 2017. Verfügbar unter: https: //www.gartner.com/en/documents/3768572/hype-cycle-for-emerging-technologies-2017 (8.5.2020).

Grauel, B., Terhoeven, J., Wischniewski, S. & Kluge, A. (2014). Erfassung akzeptanzrelevanter Merkmale von Datenbrillen mittels Repertory Grid Technik. *Zeitschrift für Arbeitswissenschaft, 68* (4), 250–256. doi: 10.1007/BF03373926

Grimm, P., Herold, R., Reiners, D. & Cruz-Neira, C. (2013). VR-Ausgabegeräte. In Dörner, R., Broll, W., Grimm, P. & Jung, B. (Hrsg.), *Virtual und Augmented Reality (VR / AR)* (S. 127–156). Berlin, Heidelberg: Springer Fachmedien. doi: 10.1007/978-3-642-28903-3_5

Henke, M. & Heller, T. (2018). Definition: Smart Maintenance. Wiesbaden: Springer Fachmedien. Verfügbar unter: https://wirtschaftslexikon.gabler.de/definition/smart-maintenance-54230/version-277280 (18.5.2020).

Heuberger-Götsch, O. & Burkhalter, T. (2014). Datenschutz in Zeiten von Big Data. *HMD Praxis der Wirtschaftsinformatik, 51* (4), 480–493. doi: 10.1365/s40702-014-00 42-z

Holz, A., Herold, R., Friemert, D., Hartmann, U., Harth, V. & Terschüren, C. (2020). Datenbrillen am Arbeitsplatz: Informationsdichte am Auge. *Zentralblatt für Arbeitsmedizin, Arbeitsschutz und Ergonomie.* doi: 10.1007/s40664-020-00394-7

Huckauf, A., Urbina, M., Grubert, J., Böckelmann, I., Doil, F., Schega, L., Tumler, J. & Mecke, R. (2010). Perceptual issues in optical-see-through displays. *Proceedings of the 7th Symposium on Applied Perception in Graphics and Visualization - APGV '10* (S. 41–48). California: ACM Press. doi: 10.1145/1836248.1836255

Huck-Fries, V., Wiegand, F., Klinker, K., Wiesche, M. & Krcmar, H. (2017). Datenbrillen in der Wartung: Evaluation verschiedener Eingabemodalitäten bei Servicetechnikern. In Eibl, M. & Gaedke, M. (Hrsg.), *INFORMATIK 2017* (S. 1413–1424). Bonn: Gesellschaft für Informatik. doi: 10.18420/in2017_141

Jadhav, S., Kannanda, V., Kang, B., Tolley, M. & Schulze, J. (2017). Soft robotic glove for kinesthetic haptic feedback in virtual reality environments. *Electronic Imaging, 2017* (3), 19–24. doi: 10.2352/ISSN.2470-1173.2017.3.ERVR-102

Kleiber, M. & Alexander, T. (2011). Evaluation of a Mobile AR Tele-Maintenance System. In Stephanidis, C. (Hrsg.), *Universal Access in Human-Computer Interaction. Applications and Services* (S. 253–262). Berlin, Heidelberg: Springer Fachmedien. doi: 10.1007/978-3-642-21657-2_27

Koelle, M., El Ali, A., Cobus, V., Heuten, W. & Boll, S. (2017). All about Acceptability?: Identifying Factors for the Adoption of Data Glasses. *Proceedings of the 2017 CHI Conference on Human Factors in Computing Systems* (S. 295–300), Denver: ACM. doi: 10.1145/3025453.3025749

Kreikebaum, H., Gilbert, D. & Behnam, M. (2018). *Strategisches Management* (8. Auflage). Stuttgart: Kohlhammer Verlag.

Lucke, D., Defranceski, M. & Adolf, T. (2017). Cyberphysische Systeme für die prädiktive Instandhaltung. In Vogel-Heuser, B., Bauernhansl, T. & ten Hompel, M. (Hrsg.), *Handbuch Industrie 4.0 Bd.1* (S. 75–91). Berlin, Heidelberg: Springer Fachmedien. doi: 10.1007/978-3-662-45279-0_28

Masoni, R., Ferrise, F., Bordegoni, M., Gattullo, M., Uva, A., Fiorentino, M., Carrabba, E. & Di Donato, M. (2017). Supporting Remote Maintenance in Industry 4.0 through Augmented Reality. *Procedia Manufacturing, 11*, 1296–1302. doi: 10.1016/j.promfg. 2017.07.257

Melzer, J. (2017). Head-Mounted Displays. In Spitzer, C., Ferrell, U. & Ferrell, T. (Hrsg.), *Digital Avionics Handbook* (3. Auflage). Boca, Raton, London, New York: CRC Press.

Mihelj, M. & Podobnik, J. (2012). *Haptics for Virtual Reality and Teleoperation*. Dordrecht, New York: Springer.

Milgram, P. & Kishino, F. (1994). A Taxonomy of Mixed Reality Visual Displays. *IEICE Transactions on Information and Systems, E77-D* (12), 1321–1329.

Mühlnickel, H., Kurz, C., Jussen, P. & Emonts-Holley, R. (2018). Smart Maintenance: Instandhaltung im Kontext der Industrie 4.0. In Reichel, J., Müller, G. & Haeffs, J. (Hrsg.), *Betriebliche Instandhaltung* (2. Auflage); (S. 349–360). Berlin, Heidelberg: Springer Fachmedien. doi: 10.1007/978-3-662-53135-8_24

Niemöller, C., Schomaker, T. & Thomas, O. (2018). Einsatz von Smart Glasses in Unternehmen - Analyse und Gestaltung von Geschäftsmodellen. In Thomas, O., Metzger, D. & Niegemann, H. (Hrsg.), *Digitalisierung in der Aus- und Weiterbildung* (S. 170–181). Berlin, Heidelberg: Springer Fachmedien. doi: 10.1007/978-3-662-56551-3_12

Pollmeier, I. (2020). Einsatzpotenziale von Virtual und Augmented Reality in der Logistik. In Steven, M. & Dörseln, N. (Hrsg.), *Smart Factory: Einsatzfaktoren - Technologie - Produkte* (S. 211–237). Stuttgart: Kohlhammer Verlag. Verfügbar unter: https://public.ebookcentral.proquest.com/choice/publicfullrecord.aspx?p=6028304 (20.5.2020).

Quint, F. & Loch, F. (2015). Using Smart Glasses to Document Maintenance Processes. In Weisbecker, A., Burmester, M. & Schmidt, A. (Hrsg.), *Mensch und Computer 2015 -*

Workshopband (S. 203–208). Berlin, München, Boston: De Gruyter. doi: 10.1 515/9783
110443905-030

Rash, C. & McLean, W. (2000). Optical Performance. In Rash, C. (Hrsg.), *Helmet-Mounted Displays: Design Issues for Rotary-Wing Aircraft (S. 93–168).* Bellingham, Washington: SPIE Press.

Rauschnabel, P. & Ro, Y. (2016). Augmented reality smart glasses: an investigation of technology acceptance drivers. *International Journal of Technology Marketing, 11* (2), 123–148. doi: 10.1504/IJTMKT.2016.075690

Schawel, C. & Billing, F. (2011). SWOT-Analyse. *Top 100 Management Tools* (S. 182–183). Wiesbaden: Springer-Gabler. doi: 10.1007/978-3-8349-6605-6_82

Schuh, G., Potente, T., Reuter, C. & Hauptvogel, A. (2017). Steigerung der Kollaborationsproduktivität durch cyber-physische Systeme. In Vogel-Heuser, B., Bauernhansl, T. & ten Hompel, M. (Hrsg.), *Handbuch Industrie 4.0 Bd.2* (S. 75–92). Berlin, Heidelberg: Springer Fachmedien. doi: 10.1007/978-3-662-53248-5_52

Slater, M. & Wilbur, S. (1997). A Framework for Immersive Virtual Environments (FIVE): Speculations on the Role of Presence in Virtual Environments. *Presence: Teleoperators and Virtual Environments, 6* (6), 603–616. MIT Press. doi: 10.1162/pr es.1997.6.6.603

Strunz, M. (2012). Gegenstand, Ziele und Entwicklung betrieblicher Instandhaltung. *Instandhaltung* (S. 1–35). Berlin, Heidelberg: Springer Fachmedien. doi: 10.1007/97 8-3-642-27390-2_1

Stüdeli, T. & Alexander, T. (2008). Actual ergonomic reasearch on applied virtual and mixed reality systems - with a special focus on navigation and control aids. In Casciaro, S. & Samset, E. (Hrsg.), *Minimally Invasive Technologies and Nanosystems for Diagnosis and Therapies* (S. 1–11). Lecce: Lupiensis biomedical publications.

Sunwook, K., Nussbaum, M. & Gabbard, J. (2016). Augmented Reality "Smart Glasses" in the Workplace: Industry Perspectives and Challenges for Worker Safety and Health. *IIE Transactions on Occupational Ergonomics and Human Factors, 4* (4), 253–258. doi: 10.1080/21577323.2016.1214635

Sutherland, I. (1965). The Ultimate Display. *Proceedings of the IFIP Congress* (S. 506–508).

Sutherland, I. (1968). A head-mounted three dimensional display. *Proceedings of the December 9-11, 1968, fall joint computer conference, part I* (S. 757–764). San Francisco, California: Association for Computing Machinery. doi: 10.1145/1476589.1 476686

Theis, S., Alexander, T. & Wille, M. (2013). Voruntersuchung zur Bewertung des sicheren und beanspruchungsoptimalen Einsatzes von Head-Mounted Displays. *Zeitschrift für Arbeitswissenschaft, 67* (3), 159–167. doi: 10.1007/BF03374403

Zheng, X., Foucault, C., Matos da Silva, P., Dasari, S., Yang, T. & Goose, S. (2015). Eye-Wearable Technology for Machine Maintenance: Effects of Display Position and Hands-free Operation. *Proceedings of the 33rd Annual ACM Conference on Human Factors in Computing Systems - CHI '15* (S. 2125–2134). Seoul: ACM Press. doi: 10.1145/2702123.2702305